Outro Lar

Uma viagem de muitos ensinamentos

CB004695

Dados Internacionais de Catalogação na Publicação (CIP)
(Câmara Brasileira do Livro, SP, Brasil)

Sousa, Mauricio de
  Outro lar : uma viagem de muitos ensinamentos / Mauricio de Sousa, Luis Hu Rivas e Ala Mitchell. -- Catanduva, SP : Instituto Beneficente Boa Nova, 2017.

  ISBN 978-85-8353-085-5

  1. Espiritismo - Literatura infantojuvenil 2. Kardec, Allan, 1804-1869 3. Literatura infantojuvenil 4. Turma da Mônica (Personagens fictícios) I. Hu Rivas, Luis. II. Mitchell, Ala. III. Título.

17-06876   CDD-028.5

Índices para catálogo sistemático:

1. Espiritismo: Literatura infantil 028.5
2. Espiritismo: Literatura infantojuvenil 028.5

4ª edição
Do 35º ao 40º milheiro
5.000 exemplares – Junho de 2024

Equipe Boa Nova

Diretor Presidente:
Francisco do Espirito Santo Neto

Diretor Editorial e Comercial:
Ronaldo Azevedo Sperdutti

Diretor Executivo e Doutrinário:
Cleber Galhardi

Editora Assistente:
Juliana Mollinari

Produção Editorial:
Ana Maria Rael Gambarini

Coordenadora de Vendas:
Sueli Fuciji

2017
Direitos de publicação desta edição no Brasil reservados para Instituto Beneficente Boa Nova, entidade coligada à Sociedade Espírita Boa Nova.
Avenida Porto Ferreira, 1031 | Parque Iracema | Catanduva/SP | 15809-020 | Tel.17-3531-4444
www.boanova.net

O Produto da venda desta obra é destinado à manutenção das atividades assistenciais da Sociedade Espírita Boa Nova de Catanduva, SP.

Estúdios Mauricio de Sousa

Presidente: Mauricio de Sousa

Diretoria: Alice Keico Takeda, Mauro Takeda e Sousa, Mônica S. e Sousa

Mauricio de Sousa é membro da Academia Paulista de Letras (APL)

Diretora Executiva
Alice Keico Takeda

Direção de Arte
Wagner Bonilla

Diretor de Licenciamento
Rodrigo Paiva

Coordenadora Comercial
Tatiane Comlosi

Analista Comercial
Alexandra Paulista

Editor
Sidney Gusman

Layout
Robson Barreto de Lacerda

Revisão
Ivana Mello

Editor de Arte
Mauro Souza

Coordenação de Arte
Irene Dellega, Maria A. Rabello, Nilza Faustino

Produtora Editorial Jr.
Regiane Moreira

Desenho
Denis Oyafuso, Emy Yamauchi Acosta

Arte-final
Clarisse Hirabayashi, Cleber Salles, Jaime Padovin, Juliana Mendes, Marcos Paulo Silva, Romeu T. Furusawa

Cor
Felippe Barbieri, Giba Valadares, Kaio Bruder, Marcelo Conquista, Marcelo Kina, Maria Julia Bellucci, Mauro Souza

Designer Gráfico e Diagramação
Mariangela Saraiva Ferradás

Supervisão de Conteúdo
Marina Takeda e Sousa

Supervisão Geral
Mauricio de Sousa

Condomínio E-Business Park - Rua Werner Von Siemens, 111
Prédio 19 — Espaço 01 - Lapa de Baixo — São Paulo/SP
CEP: 05069-010 - TEL.: +55 11 3613-5000

© 2017 Mauricio de Sousa e Mauricio de Sousa Editora Ltda. Todos os direitos reservados.
www.turmadamonica.com.br

Outro Lar
Uma viagem de muitos ensinamentos

Mauricio de Sousa
Luis Hu Rivas e Ala Mitchell

Prefácio

Já imaginou como seria legal se os nossos sonhos se tornassem realidade?

Já pensou se pudéssemos ir a todos os mundos maravilhosos que idealizamos?

O livro *Outro Lar* mostra uma ideia de como seriam esses outros mundos. Além disso, dá dicas de como cultivar bons hábitos diariamente, para obter sonhos melhores e nos conectarmos a lugares belíssimos.

Por isso, sinta-se convidado a fazer uma viagem maravilhosa ao lado da turminha mais querida do Brasil. E que esta leitura torne sua vida cheia de esperança, para construir um mundo ainda melhor, um Outro Lar.

Muita luz e bons sonhos.

Os autores

Nossa história começa no Rio de Janeiro, a Cidade Maravilhosa.

A turminha do Limoeiro viajou com a família do Cascão, a convite de André, que é primo do Seu Antenor, pai do nosso sujinho favorito, para conhecer a casa dele e visitar alguns pontos turísticos. E, desta vez, foram também a Marina, o Franjinha e até o Chico Bento e o Zé Lelé.

Após passear pela cidade, as crianças ficaram impressionadas com as belezas naturais do Rio de Janeiro e, ao chegar na casa de André, comentavam empolgados sobre o que viram: — Ai, eu amei ver as praias do alto do Morro da Urca! — disse Mônica. — São tão lindas.

— Aaaiii... Esta cidade tem água demais pro meu gosto. Copacabana, Botafogo, Irc! — contestou Cascão, fazendo a turminha rir.

— Eu **adolei** ver o **Clisto Ledentor** e o **Malacanã**. — afirmou Cebolinha.

— Ah, nem fala, Cebolinha. Até imaginei a gente batendo uma bolinha no estádio lotaaaado! — emendou Franjinha.

— Eu já estava **elabolando** planos infalíveis de jogo **pla delotar** o **advelsálio**. Hê, hê. — completou Cebolinha.

— Ah, eu adorei os passeios, mas estava morrendo de vontade de conhecer o Pão de Açúcar. — contou Magali.

— Olha, Magali, desconfio que você pensou que tinha um monte de doces pra comer lá! — brincou Marina.

— Há, há, há! E tinha mesmo! Achei várias barracas vendendo guloseimas. — respondeu a doce comilona.

Hora do sono

Enquanto as crianças continuavam contando suas impressões, aos poucos o sono foi chegando e elas foram para os seus quartos. Afinal, após um dia tão gostoso e exaustivo, precisavam de um bom descanso.

A noite foi muito calma, com aquele soninho relaxante.

Os sonhos

Na manhã seguinte, todos tiveram uma bela surpresa quando acordaram. André tinha preparado um delicioso café da manhã, com muitas frutas, sucos e alimentos nutritivos. E enquanto a turma se deliciava, André perguntou:

— Como passaram a noite, crianças?

— Ah, foi ótima, primo! — respondeu Cascão. — Descansei tanto, que até sonhei que estava num lugar incrível!

— Ai, que coincidência! Nós também! Estávamos comentando exatamente sobre isso. — acrescentou Magali.

A cidade invisível

— Que legal, Magali. Eu acredito que, às vezes, alguns sonhos podem se transformar em grandes aventuras num outro mundo, onde muitas coisas são possíveis. Um lugar invisível aos nossos olhos. — explicou André.

— Um mundo invisível? — pensou Marina, em voz alta.

— Sim! — afirmou André. — E as pessoas que têm a mesma crença que eu, acreditam que há diversos mundos invisíveis conectados com o nosso aqui na Terra.

E nós podemos viajar por eles durante o sono.

— Nossa, que fantástico! — exclamou Franjinha. — Engraçado... eu quase sempre lembro dos meus sonhos.

— Ao acordarmos, muitas vezes nós lembramos desses mundos. Outras vezes, não. — explicou André. — Para nós, além do Lar que temos na Terra, é possível conhecer, nesses mundos invisíveis, um "Outro Lar".

Então, já que todos tinham tido sonhos incríveis, o primo André sugeriu:
— Ei, turma, que tal fazermos uma brincadeira parecida com a do nosso último encontro? Contem para mim quais os mundos fantásticos que gostariam de visitar.

A turminha ficou toda animada e se organizou em volta de André.

A muralha

O Cebolinha começou:

— Eu **adolalia molar** num lugar bem legal, tipo uma **foltaleza**, com uma **mulalha** gigante e um **poltão enoooolme**.

Após uma pausa, ele suspirou e prosseguiu: — Ao **ablir** o **poltão**, lá **dentlo havelia** um lugar cheio de **constluções modelnas** e **álvoles** gigantes.
Ao ouvir o relato, o primo André contou:

— Olha que curioso, Cebolinha: segundo o que tenho estudado, algumas cidades "invisíveis", chamadas também de cidades "espirituais", são cercadas por grandes muros.

— Algo mais, Cebolinha? — perguntou André.

— **Clalo!** No meu mundo ideal, todos os meus planos infalíveis *funcionaliam*! Hê, hê, hê! — respondeu o troca-letras.

— Só no seu mundo ideal pra isso acontecer. Há, há, há! — comentou Mônica, fazendo todos rirem.

Para retrucar, Cebolinha continuou comentando, olhando para a Mônica:

— No meu castelo, o **Impelador** Cebolinha **dilia**: **Pindalolas!** Onde estão meus **gualdas?** Quem deixou **entlar** essa **golducha?**

— Cebolinhaaa! — esbravejou a dentucinha.

23

As visitas

André acalmou os ânimos e perguntou à turminha:

— Vocês sabiam que, ao dormir, conseguimos encontrar os melhores pensamentos para resolver nossos problemas do dia a dia?

— Há, há, há! Só assim mesmo pro Cebolinha ter algum sucesso nos seus planos. — falou Cascão, já gargalhando.

Vamos voar

— Eu posso contar como seria o meu? — disse Mônica, que prosseguiu. — O meu mundo imaginário seria rodeado por um lindo jardim, onde todos pudessem voar.

Ouvindo isso, Cebolinha aproveitou pra provocar:

— Você voar? Você é muito pesada pla sair do chão. Há, há, há!

— Aaaaaiiii! Agora, você vai ver quem vai voar aqui! — disse Mônica furiosa, girando seu coelhinho.

André, então, interveio tranquilizando os dois:

— Calma, crianças, calma! Hê, hê, hê! Pode continuar, Mônica.

— Bom, como eu estava dizendo... No **meu** mundo imaginário, eu voaria bem alto. Humpf! — concluiu Mônica, com um grande sorriso.

— Interessante... Sabia que nós, espíritas, acreditamos que muitas pessoas conseguem voar durante os sonhos naqueles outros mundos? E isso tem até um nome: volitação. — disse André.

— Eita palavrório difícir! — exclamou Chico Bento.

— O nome é mesmo estranho, Chico. Mas voar ou volitar deve ser uma experiência incrível! Com força de vontade, tudo é possível. — concluiu André.

Um belo hospital

Logo em seguida, foi a vez da Magali levantar a mão e contar para os seus amigos sobre o seu mundo imaginário.

— Sabem o hospital lá do bairro do Limoeiro? Sempre vejo pessoas carentes e tristes ali. Eu queria, um dia, ajudar todas elas. Mas gostaria que lá fosse um lugar bem maior e mais bonito.

Mônica interrompeu:

— Se o Cebolinha continuar com suas gracinhas, é nesse hospital que ele vai parar.

— Hê, hê! Não **selá necessálio**, Moniquinha. — respondeu Cebolinha.

André, então, perguntou se Magali imaginava algo mais.

— Sim, claro. — confirmou Magali, e prosseguiu.

Boa alimentação

Magali contou que se imaginava trabalhando voluntariamente naquele hospital, distribuindo muitos pratos cheios de sopa.

— Cheios mesmo? — brincou André.

— Bem... estavam cheios, mas agora já me imaginei comendo alguns! Hi, hi, hi! — contou Magali, lambendo os lábios. — Não resisti! Estavam deliciosos!

Enquanto todos riam, André continuou:

— Naquelas "cidades espirituais", existem hospitais para atender a quem precisa, e as refeições servem para revigorar a energia dos pacientes.

— Ô primo! O Penadinho deve conhecer essas cidades, né? — riu Cascão.

— Cruiz-credo! Isso é coisa qui si fale? — se assustou Zé Lelé.

— Calma, Zé Lelé. Nessas cidades só se pratica o bem.

Muita água

— Eu! Eu! — disse Marina. — Sempre imaginei morar num lugar lindo, com um jardim enorme. Um lugar onde exista uma pracinha com vários casais fazendo juras de amor.

— Own, que romântico! — disse Mônica.

— Sim, Mônica! Imaginei toda a nossa turminha no lugar, e eu pintando quadros sobre o amor.

— Ei, Cebolinha, se você estivesse por perto, a dentuça iria ficar emocionada. — cochichou Cascão, deixando seu parceiro vermelho.

— Esse lugar me faz recordar o... o... — falou André, tentando lembrar-se. — Como era o nome mesmo? Ah! O bosque das águas.

Então, André falou sobre a existência de um lugar, nas "cidades espirituais", onde as fontes jogavam água em todas as direções.

— O quê?! Água em **todas as direções?!** — gritou Cascão, fugindo apavorado, provocando muitas gargalhadas em toda a turminha. — Tô fora!

— Volta aqui, Cascão! A gente só estava falando de lindos mundos imaginários. Calma! — lembrou Marina.

— Não achei nada lindo! Água de "mundo imaginário" também molha! Eu, hein? — resmungou Cascão, enquanto a turma não parava de rir.

Ônibus voador

— Olha, como eu gosto de tecnologia e de inventar coisas, o meu mundo ideal seria uma cidade supermoderna, em que todos os carros e ônibus pudessem voar, sem poluir os céus. — disse Franjinha.

— Uau! Já imaginou que da *hola*? — falou Cebolinha.

— Fico pensando... Lá do alto daria pra ver todas as construções, praças e lagos que vocês falaram! Seria legal demais. — imaginou Franjinha.

— Seria incrível, mesmo! Eu também adorei a ideia, Franjinha! — respondeu Marina, e todos os demais concordaram.

Ao ouvir a história, André lembrou-se dos seus estudos e disse:

— Sabiam que no mundo espiritual há cidades muito mais modernas que as do nosso mundo? E agora vou surpreender vocês: lá existe um veículo bem similar ao que Franjinha mencionou, chamado de Aeróbus!

— Aeróbus? — repetiu Franjinha. — Que nome engraçado.

— Sim. Este é o nome dos veículos utilizados em algumas "cidades invisíveis". E transportam pessoas de uma a outra estação. — explicou André.

— **Flanjinha**, se a **golducha entlar** no seu ônibus voador, acho que ele não vai conseguir decolar. — falou Cebolinha, levando, instantaneamente, uma coelhada voadora.

Belos prédios

— Amigos, não pude resistir a tanta imaginação... Hi, hi, hi. — comentou Marina.

— O que foi, Marina? — perguntou André.

Marina então explicou que, enquanto a turma conversava, ela fez uma ilustração do mundo que sonharia viver. Parecia uma cidade do futuro, com uma bela praça, grandes prédios e, no meio deles, um palácio enorme.

— De tanto imaginar, deu vontade de desenhar. — disse Marina, mostrando sua obra de arte para todos, que ficaram maravilhados.

Foi quando André disse:

— Agora vou surpreender vocês novamente: sabiam que, segundo a minha crença, existe uma "cidade invisível" bem acima do Rio de Janeiro?

— Sééério? perguntaram Mônica e Magali, ao mesmo tempo.

— Inguar a dos desenho da Marina? — perguntou Chico Bento.

— Sim, e nela também há uma grande praça, com um palácio central, chamado de Governadoria, que é responsável pela harmonização da cidade. — disse André, que acrescentou. — Marina, nessa "cidade invisível" há seis prédios gigantes, que seriam os ministérios, todos muito bem organizados.

Magali, ao ver as árvores enormes desenhadas, falou:

— Humm, se tudo é tão grande... já pensaram? As frutas devem ser enormes! Há, há, há, há, há! — a gargalhada foi geral.

Sonhos parecidos

— Ara, eu tenho um mundo desses aí! — gritou Chico Bento. — Parece muito a Vila Abobrinha i eu já imaginei eu i o Zé Lelé várias veiz nesse lugar, catando umas goiaba! Hê, hê, hê!

— I num é qui eu já mi peguei perdido nesses pensamento? I fazendo as merma coisa qui o Chico falô? Disse Zé Lelé.

Foi quando André explicou que a descrição dessas cidades espirituais estão registradas em diversos livros. E, segundo o que ele estuda, ao dormir, algumas pessoas podem até viajar para os mesmos lugares e se encontrarem nos sonhos.

Ajudar quem precisa

— E o que mais você imaginou, Chico? — perguntou Magali.

Chico Bento revelou que se via junto com Zé Lelé ajudando pessoas que eles nunca viram antes:

— Nóis caminhava pela noite, pruma froresta iscura, qui fica no caminho pra casa da Vó Dita, levando goiaba i otras fruta pro Lobisomem, Curupira, Boitatá i Saci, pruque eles tavam com muita fome.

Outras cidades

— E você, Zé Lelé? — perguntou a Mônica.

Zé Lelé respondeu que sonha com um mundo parecido, com uma fazenda muito produtiva, onde ele cuidaria de todas as plantas, árvores e animais.

— I digo mais proceis... — falou Zé Lelé. — Nóis incontrava o Anjinho, qui ajudava nóis tamém.

— Puxa! Que sonhos! — falou Cascão, pensativo.

A caridade

　　Em seguida, André disse que achou muito bonitos os mundos ideais de Chico Bento e Zé Lelé, porque eles sempre pensavam em ajudar os outros, até nos seus sonhos.

　　— Esses dois sempre se preocupam com a natureza! — disse Mônica, admirada.

　　— A humildade e a caridade deles são uma lição! — expressou Magali, que brincou. — Com tanta goiaba por perto, talvez eu já tivesse comido todas elas.

Logo depois, André perguntou:

— Já pensaram como seria legal se, um dia, todas as pessoas tivessem os mesmos sonhos que o Chico Bento e o Zé Lelé têm, de ajudar sempre uns aos outros?

A solidariedade

André explicou que, às vezes, a gente sonha apenas com lugares ou coisas para satisfazer nossos desejos, mas sonhar em colaborar e servir aos demais, demonstra a grandeza do coração.

— Vocês imaginam algo para melhorar o mundo? — perguntou André.

— É **clalo**, **Andlé**! — respondeu Cebolinha. — Eu sonho **elabolar** planos de ajuda à **natuleza** do planeta.

— E eu inventar aparelhos pra auxiliar as pessoas. — acrescentou Franjinha.

— Eu sonho que estou emprestando minha força. — falou a Mônica.

Assim, toda a turminha imaginou como colaboraria com uma ação do bem, no seu sonho de ter um mundo melhor e feliz.

O bom serviço

A seguir, André explicou que, ao fazer o bem nas cidades "invisíveis", ganha-se algo chamado, bônus-hora. E que isso era dado a cada hora de serviço.

— **Bônus-hola**? O que é isso? — perguntou Cebolinha.

— É uma espécie de premiação. — respondeu André. — Por exemplo, quem ajuda pessoas num hospital ou que estão sentindo fome, recebe essa gratificação. Lá, não se utiliza dinheiro.

— Que *intelessante!* — pensou Cebolinha, em voz alta.

Na hora de dormir

Em meio ao papo, André explicou também a importância de cultivar bons hábitos na hora de dormir. Segundo ele, além de descansar, é possível fazer viagens em cidades incríveis e belos lugares no "mundo invisível".

— Mas que tipos de bons hábitos? — perguntou Magali, curiosa.

— Ler bons livros, que tragam mensagens de paz, sabedoria e amor ao próximo. — aconselhou André, que continuou. — É importante ter conversas agradáveis com os amigos, sem brigas. Ter pensamentos positivos, fazer boas ações durante o dia e fazer uma prece antes de dormir, tudo isso ajuda a ter uma noite com ótimos sonhos.

Bons hábitos

Pouco depois, os pais do Cascão chegaram para levar a turma de volta pra casa.

— Bem, turminha, como sempre, adorei a companhia de vocês. Mas está na hora de vocês partirem.

— Aaahhh! — Todos lamentaram.

— Eu sei, eu sei, crianças. Vocês sempre estarão em meu coração. — disse André.

Em seguida, André disse que todos seriam sempre bem-vindos em sua casa. Então, as crianças se despediram e prometeram refletir sobre o que aprenderam. E todos deram aquele abração coletivo e cheio de carinho em seu anfitrião.

— A importância dos bons hábitos, de fazer o bem sempre, até no que sonhamos, certamente contribuirá para todos crescerem como pessoas íntegras, não somente no Brasil, mas também mundo afora. — completou André.

O retorno

A Turminha estava supercontente, pois conheceu o lar do André, na cidade maravilhosa do Rio de Janeiro.

Ao chegarem ao bairro do Limoeiro, cheias de novos sonhos, as crianças decidiram que tentariam fazer algumas daquelas coisas legais que imaginaram no seu bairro. Afinal, seja numa cidade real ou numa "invisível", é preciso acreditar que é possível construir um mundo maravilhoso, um **Outro Lar**.

"Eu acredito que, às vezes, alguns sonhos podem se transformar em grandes aventuras num outro mundo. Um lugar invisível aos nossos olhos, um **Outro Lar**."